¡Felicidades!

Es posible que tengas TDAH.

No pasa nada. Mucha gente lo tiene.

Estarás bien.

¡Pero NO pases la página! En su lugar, pasa a la PÁGINA 23.

¡ESTA PÁGINA NO!

No te gusta seguir instrucciones, ¿verdad? Entendemos.
PASA A LA PÁGINA 23 DE TODOS MODOS.

Por favor...

Cosworth Publishing
21545 Yucatan Avenue
Woodland Hills CA 91364
www.cosworthpublishing.com

Para más información sobre este consentimiento,
escríbanos a *office@cosworthpublishing.com*.

El Libro de Cocina sobre el Trastorno de Déficit de Atención e Hiperactividad

Edición Rompecabezas

Jimmy Huston

¿Qué es el TDA? (¿O TDAH?)

TDA es la abreviatura de Trastorno de Déficit de Atención, una afección que hace que algunas personas no presten atención, se distraigan con facilidad o tengan problemas con la memoria.

Dado que algunas personas con TDA también son hiperactivas (inquietas) o impulsivas, el TDA se denomina ahora TDAH, que significa Trastorno de Déficit de Atención e Hiperactividad, tanto si eres hiperactivo como si no.

Esto puede resultar confuso, como si se dijera que tanto los sándwiches de mantequilla de maní como los sándwiches de mantequilla de maní con mermelada ahora deben llamarse sándwiches de mantequilla de maní con mermelada, pero divididos en sándwiches con mermelada y sin mermelada. Tiene mucho sentido.

Esto significa que se puede tener TDAH pero sin ser hiperactivo. Es decir, el soñador despierto, que siempre está distraído. O puedes ser una persona inquieta, que no puede estar en calma, pero que al mismo tiempo no prestas atención.

En otras palabras...

DESDE LA PÁGINA 55

PASA A LA PÁGINA 10

EL TDAH NO ES ALGO NUEVO. EXISTE DESDE HACE MUCHO, MUCHO TIEMPO.

A lo largo de los siglos, mucha gente se ha visto afectada por él, y, aunque puede resultar difícil, muchos de ellos han obtenido grandes logros.

Muchas personas exitosas admiten alegremente sus tendencias al TDAH, y a menudo le dan crédito por haber contribuido a su éxito. Aquí verás muchos ejemplos. Puede que aún no sepas quiénes son algunos de ellos, pero lo harás.

Es posible que conozcas a algunos de estos famosos que hablan libremente de su TDAH: Adam Levine, Justin Timberlake, Paris Hilton, Channing Tatum, Zooey Deschanel, will.i.am, Emma Watson, Woody Harrelson, Justin Bieber y Ryan Gosling.

No te preocupes. No hace falta que seas actor o que estés en la industria del entretenimiento. Te darás cuenta en otras páginas.

DE LAS PÁGINAS 20, 26 Y 40

EL TDAH NO VA A DETENERTE.

Aunque no hay forma de hacer pruebas para detectar el TDAH de hace cien años o más, la gente habla de personajes históricos, los estudia y escribe sobre ellos. A menudo se sabe que tienen hábitos y conductas que son buenas pistas.

Por ejemplo, se cree que Cristóbal Colón tenía TDAH. Y Sócrates. También Nostradamus, y Winston Churchill. A ellos les fue bien. También te irá bien a ti.

PASA A LA PÁGINA 30

BichoRaro!

¿Soy un bicho raro?

No.

No eres un bicho raro. Simplemente eres una persona que tiene un problema. Todo el mundo tiene problemas. Tu problema tiene un nombre y puedes aprender a vivir con él. Saldrás adelante.

El TDAH es común. Mira a tu alrededor. Lo más probable es que haya alguien en tu salón de clases que tenga TDAH. Puede que incluso sea el profesor. No tengas miedo de hablar con esa persona sobre cómo manejar el TDAH.

Alrededor del 5% de la población mundial padece algún tipo de TDAH. Eso es una de cada veinte personas, uno de cada veinte NIÑOS.

Hay unos ocho mil millones de personas en el mundo. El cinco por ciento son 400.000.000 de personas.

No estás solo.

Cada uno de esos ocho mil millones de cerebros es diferente. Algunos son típicos. Otros son inusuales.

Si eres uno de cada cuatrocientos millones de personas con TDAH, no eres un bicho raro.

DESDE LA PÁGINA 6

¿Te estás aburriendo? ¡Tómate un descanso!

Sal a jugar un rato.

REGRESA Y PASA A LA PÁGINA 48

DESDE LA PÁGINA 11

¿LA MEDICINA AYUDA?

La medicina puede ayudar, pero no existe una solución única para el TDAH. Los medicamentos que le funcionan a una persona pueden no ayudarle de mucho a otra.

Curiosamente, las medicinas que son estimulantes a veces pueden calmar a los niños con TDAH. Algunas medicinas no estimulantes también pueden ayudar. En algunos casos también se utilizan antidepresivos.

Tu médico puede probar varias medicinas a distintas dosis para encontrar la que te ayude. Es importante que le digas a tu médico cómo te hace sentir la medicina. Así sabrá cómo ajustar la dosis o incluso cambiar de medicamento.

Además, algunos niños con TDAH dejan de tomar sus medicamentos al cabo de unos meses. Como el TDAH es crónico, es necesario que la medicación se tome de forma constante para que sea eficaz, así que no hagas trampas.

Hay evidencias de que las vitaminas y los minerales pueden tener un efecto positivo en los niños con TDAH. Es decir, se cree que los bajos niveles de algunos neurotransmisores en el cerebro están relacionados con el desarrollo del TDAH, y que estos micronutrientes pueden ayudar.

RECETA

1 PASTILLA
1 VASO DE AGUA

TRÁGATE LA PASTILLA.
BEBE AGUA A SORBOS.
REPETIR SEGÚN LAS
INSTRUCCIONES.

Algunos expertos creen que una dieta adecuada de frutas y verduras puede proporcionar el mismo beneficio.

Además, es importante dormir lo suficiente.

PASA A LA PÁGINA 4

¿Cómo lo obtuve?

Naciste con él. El TDAH no es contagioso. Nadie puede "contagiarse". Y no se produce por ver la televisión, jugar videojuegos o consumir demasiado azúcar.

Se cree que el TDAH es de naturaleza genética, lo que significa que probablemente lo hayas heredado, aunque es posible que se vea afectado por factores ambientales, de nutrición o lesiones..

Algunos médicos creen que uno de los factores es la reducción de la dopamina, una sustancia química del cerebro que puede ayudar a mover las señales entre los nervios.

EL TIEMPO ES DIFERENTE CON EL TDAH.

Hay tres tipos de tiempo. Está el horario matutino (AM), el nocturno (PM) y el horario TDAH.

El tiempo es un fenómeno de velocidad variable para los niños que pertenecen al Club del TDAH. Simplemente fluye de forma diferente para ti.

No existe un verdadero "sentido" del tiempo. Está ahí. No está. No importa. Quizá sea importante. A veces. Pero tal vez no.

¿Te parece que dos minutos son básicamente lo mismo que dos meses? Eso puede ser un problema, tanto si estás cociendo un huevo de tres minutos como si intentas tomar el autobús escolar a primera hora de la mañana. ¿Siempre juzgas mal el tiempo que te llevará realizar un ejercicio (o un tomate)?

La vida es complicada cuando siempre estás luchando contra el reloj.

Enseñarte a prestar atención al tiempo.

DESDE LA PÁGINA 57

PASA A LA PÁGINA 14

¿JUGUETES ANTIESTRÉS?

¡No tan rápido!

Los juguetes antiestrés se han comercializado como una forma de canalizar el exceso de energía y reducir el estrés del TDAH en algunos niños. Muchos profesores no están de acuerdo. Consideran que distraen a todo el mundo, incluidos los niños que los usan.

Sí, es cosa del cerebro.

El TDAH es un trastorno del desarrollo neurológico. Eso significa que, a medida que creces, tu cerebro se desarrolla de un modo que puede causar dificultades en el aprendizaje, la memoria, el autocontrol, la conducta, las emociones y el lenguaje.

Eso hace que algunas cosas te resulten más difíciles que a otras personas, sobre todo las que requieren concentración, como los molestos deberes escolares.

Tu cerebro a veces tiene problemas para controlar el pensamiento, prestar atención y planificar las cosas, pero es el único cerebro que tienes, así que tienes que trabajar con él.

EMPIEZA PRONTO.

Los bebés cuestan mucho trabajo. Los bebés con TDAH cuestan aún más trabajo. Es entonces cuando algunos padres empiezan a sospechar que tienen un hijo con TDAH, normalmente comparando conductas con otros niños de su misma edad.

La identificación y el tratamiento precoces son fundamentales. De lo contrario, pueden surgir problemas tales como problemas en la escuela, estrés en casa, problemas con la gente, depresión, abuso de sustancias y posibles lesiones. Los síntomas pueden ocurrir tan pronto como a los 2 años y pueden continuar en la edad adulta, cambiando con la edad.

Encuentra pronto las herramientas para el TDAH y hazte la vida más fácil.

PASA A LA PÁGINA 6

Si no hay cura, ¿qué puedo hacer?

Puede parecer una tontería, pero hay actividades ordinarias que pueden ayudar. Hacer cosas puede relajar el cerebro o propiciar su participación creativa. También drena el exceso de energía para que puedas pensar. Prueba algunas de estas cosas.

¿Disfrutas con la música? Escucha un poco.

Juega a algo que te relaje.

¿Tienes una mascota? Juega con ella.

Si tocas un instrumento o cantas, interpreta tu canción favorita. ¡Haz ruido!

Prueba el baile, solo o en pareja. ¡Atrévete!

Dibuja algo o pinta un cuadro.

Limpia tu habitación. (Inténtalo.)

Sal a dar un paseo.

Corre durante tu "paseo."

Si te gusta cocinar u hornear, haz algo — como galletas — y luego cómetelas. O dáselas a tus amigos.

Monta en bici o en monopatín.

Inventa una obra de teatro o una parodia. Interprétala para tu familia o tus amigos. Diviértete.

Cuando alguna de estas cosas funcione, recuérdala y úsala como herramienta cuando tengas problemas.

Desde la página 39

13

PASA A LA PÁGINA 36

Tú no eres el problema...

Pero eso ya lo sabías. Estás bien.

Tus padres son el problema. Y tus profesores. E incluso tus amigos.

Tus padres esperan que ignores todos tus impulsos de hacer lo que quieres y, en cambio, quieren que hagas lo que ellos quieren que hagas. Eso no parece justo.

Tus profesores quieren que actúes como todo el mundo. Pero tú no eres como los demás. Tú eres tú.

Puede que algunos de tus amigos piensen que eres raro. ¿Y qué? Tú eres tú, y si quieren ser tus amigos, deberían aceptarte como eres.

Suena bien, ¿eh?

Pero no funciona así. Tienes que vivir en el mismo mundo que los demás, te guste o no.

Necesitas a tus padres, a tus profesores y a tus amigos. Las cosas serán mejores si trabajas con ellos. Intenta ver las cosas desde su punto de vista. Busca una solución intermedia.

Sobre todo, escucha lo que dice la gente. Puede que aprendas algunas formas de complacerlos que te harán la vida más fácil.

Probablemente todos te digan lo que haces "mal", en su opinión. Intenta hacer lo que te sugieren. Intenta dar pequeños pasos para mantener la paz.

Presta atención a lo que ocurre. Si haces preguntas, puede ayudarte a entender. Puede ayudarte a mantener el interés.

Puede que llegues a un acuerdo con tus padres. Intentarás hacer lo que ellos quieren que hagas, si te prometen que te darán tiempo para tus propios pensamientos, tus propias aventuras y exploraciones.

Quizá no pospongas demasiado los deberes. Verás si te resulta más fácil empezar antes.

DESDE LA PÁGINA 9

...Tú ERES ES LA SOLUCIÓN

Si te cuesta quedarte sentado, haz algo que puedas hacer sentado.

Escribe un poema. O una canción. O un libro. Haz un dibujo.

Si necesitas levantarte, y estás en un lugar donde eso sea apropiado, levántate y haz algo que valga la pena. Usa algo de esa energía hiperactiva.

Graba un vídeo. Cava un agujero. Persigue a un pájaro. Lava el coche de la familia. Aprender a tejer. Olfatea las flores.

Ah, y cocina algo. Esto es un libro de cocina, después de todo.

PASA A LA PÁGINA 16

¿LOS JUEGOS DE COMPUTADORA PUEDEN OCASIONAR O EMPEORAR EL TDAH?

No.

Probablemente tus padres se quejen de que puedes pasar horas jugando en la computadora, pero no puedes concentrarte en las tareas de la escuela o los deberes del hogar.

Pues bien, estos juegos mantienen tu atención porque cambian constantemente y las tareas se realizan con rapidez. Siempre está ocurriendo algo, que requiere breves periodos de atención y proporciona estímulos constantes y recompensas instantáneas. Es divertido.

El problema de los juegos de computadora es que te roban tiempo de tus tareas escolares — así que busca un punto medio y haz ambas cosas.

Quizá tu escuela debería utilizar juegos de computadora para enseñar matemáticas, historia y ciencias.

> Hay un videojuego autorizado por la FDA que es un tratamiento para el TDAH e incluso está cubierto por algunos planes de seguro médico. ¡Genial!

DESDE LA PÁGINA 15

¿ESTE ES REALMENTE UN LIBRO DE COCINA?

No exactamente. Tal vez solo deberías prepararte un sándwich.

Mientras tanto, es hora de elegir.

SÓLO PARA CHICAS,
IR A LA PÁGINA 20

SÓLO PARA CHICOS,
IR A LA PÁGINA 26

SÓLO PARA PADRES,
IR A LA PÁGINA 40

El arte y el TDAH van de la mano

A lo largo de la historia ha habido artistas que tenían muchas características del TDAH, y, sin embargo, fueron prolíficos y exitosos.

Las pinturas escandalosamente provocadoras de Pablo Picasso fueron las señas de identidad del estilo artístico cubista.

Salvador Dalí fue un artista surrealista que trabajó en una amplia gama de medios diferentes.

Vincent Van Gogh fue un genio incomprendido cuyos cuadros se cuentan entre las obras de arte más expresivas jamás creadas.

Leonardo da Vinci fue un pintor y escultor brillante, pero es igualmente conocido por explorar la arquitectura, la ingeniería, las ciencias y otros intereses. François Auguste Rodin abrió nuevos caminos en la escultura y fue considerado el amo de su tiempo. Ansel Adams, pionero de la fotografía, se especializó en magníficos paisajes que revelaban la belleza de América.

DESDE LA PÁGINA 43

Los escritores son bastante inteligentes. Ante todo, son pensadores. Construyen mundos enteros y crean personajes que fascinan a millones de lectores. Se cree que algunos de los mejores escritores de todos los tiempos padecían TDAH. Eso no los detuvo.

¿Cuántos de estos conoces? Hans Christian Anderson, Julio Verne, Agatha Christie, F. Scott Fitzgerald, Ralph Waldo Emerson, Virginia Woolf, Walt Whitman, Lord Alfred Tennyson, George Bernard Shaw, Tennessee Williams y Robert Frost.

PASA A LA PÁGINA 50

DESDE LA PÁGINA 17

Sólo para chicas.

Las niñas tienen menos probabilidades que los niños de padecer TDAH. Y tienen aún menos probabilidades de que se les diagnostique con TDAH.

Las chicas no suelen molestar.

Es más probable que sean desatentas que hiperactivas, pero la hiperactividad sigue siendo una posibilidad.

A menudo se piensa que simplemente son tímidas o introvertidas, por lo que no se le presta la misma atención a su TDAH, cuando las terapias o los medicamentos podrían ser útiles.

¿Sueñas despierto con frecuencia?

¿Los demás te dicen que eres muy sensible?

¿Eres muy hablador?

A veces, el TDAH puede provocar depresión o ansiedad.
No tengas miedo de hablar con alguien. Puedes obtener ayuda.

PASA A LA PÁGINA 2

BIENVENIDO. ME ALEGRO DE QUE HAYAS PODIDO VENIR.

Este libro es para ti.

No es para tus padres, tus profesores, tus entrenadores, tu médico, tu chef, tus hermanos o tus amigos.

Si alguno quiere leerlo, cóbrale 50 pesos.

Cuando intenten ignorarlo, diles que es para tu fondo de jubilación.

Probablemente sonreirán y, si te mantienes firme, puede que te paguen.

Vale la pena intentarlo....

23

ASÍ QUE AHORA PASA A LA PÁGINA 54

¿Y MIS OTROS PROBLEMAS?

No es raro que los niños con TDAH tengan otros problemas que dificultan el diagnóstico y el tratamiento general.

Piensa en el TDAH como en una sopa. Los demás temas son como especias que pueden modificar la sopa.

Trastorno de Oposición Desafiante — Trastorno de Ansiedad — Trastorno Obsesivo Compulsivo — Autismo — Tastorno Bipolar — Dislexia — Síndrome de Tourette — Depresión Clínica

Juntas, cualquiera de estas cosas puede combinarse con el TDAH para hacer una sopa difícil.

DESDE LA PÁGINA 59

El trastorno bipolar provoca altibajos emocionales que van de la depresión a la euforia.

El trastorno de personalidad antisocial genera un comportamiento antagonista, sin mostrar consideración por los demás o por las situaciones sociales.

El trastorno obsesivo compulsivo provoca la incapacidad de controlar los pensamientos y/o acciones, repitiéndolos una y otra vez.

La depresión clínica es una depresión grave que afecta a las relaciones con los demás o a las actividades cotidianas.

El trastorno de oposición desafiante provoca enfados frecuentes, actitudes desafiantes o discusiones con las figuras de autoridad.

El autismo es una amplia gama de comportamientos que normalmente tienen que ver con la comunicación con los demás.

El síndrome de Tourette provoca tics, sacudidas o sonidos repetidos, a veces incluso palabrotas.

El trastorno de ansiedad provoca pánico, miedo o ansiedad y preocupaciones inusuales.

Pasa a la página 28

Sólo para chicos.

¿Te distraes con facilidad? ¿Poner atención te resulta difícil? ¿Sigues leyendo esto?

Hay aproximadamente tres veces más niños con TDAH que niñas.

Hay una amplia gama de síntomas para los niños. ¿Estás distraído? ¿O te concentras excesivamente en las cosas que te interesan? Puedes hacer ambas cosas, aunque sean completamente opuestas.

¿Te preocupas por los detalles y te olvidas del panorama general de las cosas? ¿Te cuesta entender cuánto tiempo te llevará una tarea? ¿Reaccionas de forma exagerada o insuficiente?

DESDE LA PÁGINA 17

Los chicos son más propensos a los aspectos hiperactivos del TDAH, pero eso ya lo sabías.

Tal vez seas inquieto.

O eres impulsivo.

No puedes dejar de moverte.

Tienes problemas de autocontrol. Puede que tus profesores se estén cansando de que te portes mal en clases.

Hay soluciones que pueden ayudar. Medicina. Terapia. Ejercicios.

También es mucho más probable que se receten medicinas a los niños (en parte porque es más probable que las necesiten). Esto puede ser muy útil.

La terapia puede ayudarte a comprender lo que te ocurre, cómo afecta a los demás y cómo te afecta a ti.

Los ejercicios pueden ayudarte a resolver problemas, como la gestión del tiempo, la ira o la memoria.

No tengas miedo de pedir ayuda.

PASA A LA PÁGINA 2

LO MALO A VECES PUEDE SER BUENO – CON MODERACIÓN.

Una pizca de obsesión compulsiva puede darte el impulso y la concentración necesarios para seguir un proyecto hasta el final.

La hiperactividad puede proporcionar energía para hacer las cosas.

Un poco de procrastinación puede dar tiempo para planificar y desarrollar pensamientos.

Pero la compulsión obsesiva puede cortar los ingredientes sin parar y llenar demasiado la olla.

La hiperactividad puede añadir demasiados ingredientes o batir demasiado la sopa y hacer que salpique el fuego o el suelo.

Demasiada procrastinación provocaría que la sopa nunca esté lista.

Cada uno de estos ingredientes debe limitarse a "la cantidad justa".

Las personas exitosas con TDAH han aprovechado los rasgos que pueden ser útiles y los han puesto a trabajar. Tú también puedes.

DESDE LA PÁGINA 25

LA PRUEBA DEL LIBRO DE COCINA SOBRE EL TDAH

¿Crees que lo tienes?

SÍ ☐   NO ☐

¿Creen tus padres que lo tienes?

SÍ ☐   NO ☐

¿Creen tus profesores que lo tienes?

SÍ ☐   NO ☐

Si estás leyendo esto, es probable que lo tengas.

SÍ ☐   NO ☐

Si alguien te obliga a leer esto, definitivamente lo tienes.

SÍ ✅   NO ☐

No pasa nada.

Sigue leyendo.

PASA A LA PÁGINA 38

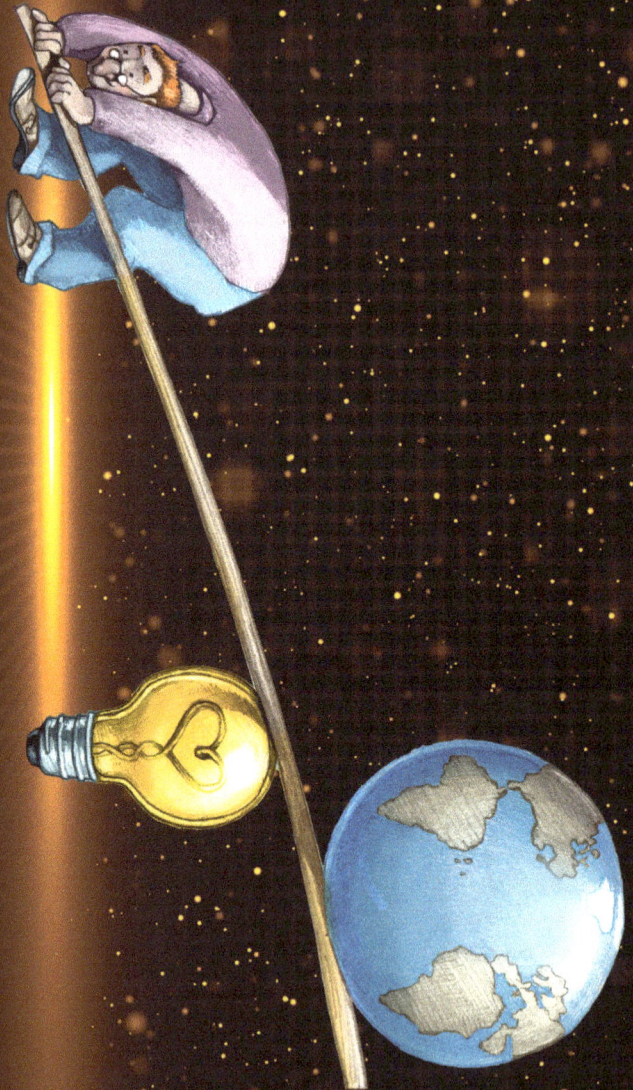

A LO LARGO DE LA HISTORIA, LOS GRANDES PENSADORES DE LAS CIENCIAS NOS HAN EXPLICADO EL MUNDO TAL Y COMO LO CONOCEMOS HOY. UTILIZANDO LAS HERRAMIENTAS DE SU DÍA HAN ELABORADO DESCUBRIMIENTOS Y CREADO TEORÍAS QUE HAN CAMBIADO NUESTRA COMPRENSIÓN DEL UNIVERSO.

ALGUNOS DE ESTOS GRANDES PENSADORES HAN MOSTRADO SIGNOS REVELADORES DE TDAH EN SU VIDA, TAL VEZ COSAS QUE AYUDARON A SU IMAGINACIÓN.

GALILEO GALILEI COMENZÓ A DESCUBRIR EL UNIVERSO CON LOS PRIMEROS TELESCOPIOS. ISAAC NEWTON DESARROLLÓ NUESTRA COMPRENSIÓN DE LA GRAVEDAD. WERNHER VON BRAUN GUIÓ EL DESARROLLO DE NUESTRAS PRIMERAS NAVES ESPACIALES. ALBERT EINSTEIN FUE PIONERO EN LA TEORÍA DE LA RELATIVIDAD Y EXPLORÓ LA TEORÍA DE LA MECÁNICA CUÁNTICA. STEPHEN HAWKING ESTUDIÓ LOS AGUJEROS NEGROS DESDE UNA SILLA DE RUEDAS Y EXPLICÓ AL PÚBLICO LAS TEORÍAS DEL UNIVERSO.

DESDE LA PÁGINA 3

Todo el mundo dice que quiere que los niños sean creativos. Por definición, la creatividad está fuera de los pensamientos normales, corrientes y cotidianos. Es entonces cuando pueden surgir pensamientos creativos.

Se cree que Einstein, Newton y Arquímedes tenían TDAH. Ninguno de ellos trabajaba en un entorno académico cuando tuvieron los importantes avances que les hicieron parecer brillantes.

Cuenta la leyenda que Arquímedes se estaba metiendo en la bañera cuando el agua se desbordó, inspirando el Principio de Arquímedes, una ley fundamental de la física relativa a la flotabilidad.

Según cuenta la historia, Newton estaba bajo el proverbial manzano cuando una manzana que caía le golpeó en la cabeza, lo que le hizo empezar a comprender el concepto de gravedad.

Dicen que Einstein viajaba en autobús cuando se le ocurrió la idea genial que dio lugar al e-mc², sea lo que sea que eso signifique.

PASA A LA PÁGINA 32

SÓLO POR DIVERSIÓN, INTENTA CONVERTIRTE EN PRESIDENTE DE LOS ESTADOS UNIDOS.

Se cree que tres de los cuatro Presidentes del Monte Rushmore padecían TDAH: Abraham Lincoln, Thomas Jefferson y Theodore Roosevelt. (George Washington no, pero podría haber tenido dislexia).

Otros presidentes que se cree que padecieron TDAH fueron Dwight D. Eisenhower, John F. Kennedy y Woodrow Wilson.

Así que el TDAH no es una excusa. Puedes trabajar para superarlo y encontrar tu propio éxito. Si llegas a ser presidente de los Estados Unidos, te añadiremos a la lista -quizá incluso al Monte Rushmore — pero ése no es el objetivo.

La felicidad es el objetivo. Todo el mundo tiene problemas. Si el TDAH es uno de los tuyos, hay muchas razones para pensar que encontrarás el éxito en tu vida. Y la felicidad.

DESDE LA PÁGINA 31

TÓMATE OTRO DESCANSO.

Aquí tienes un espacio para dibujar o pintar algo. (Es tu libro, así que puedes dibujar en él).
O escribe algo si lo prefieres. O arranca la página y haz un avión de papel.

PASA A LA PÁGINA 34

Si elaboraste un avión de papel con la página anterior, entonces esta página ya no existe. Tal vez quieras dibujar o colorear sobre ella primero. O no.

Tú eliges.

Desde la página 33

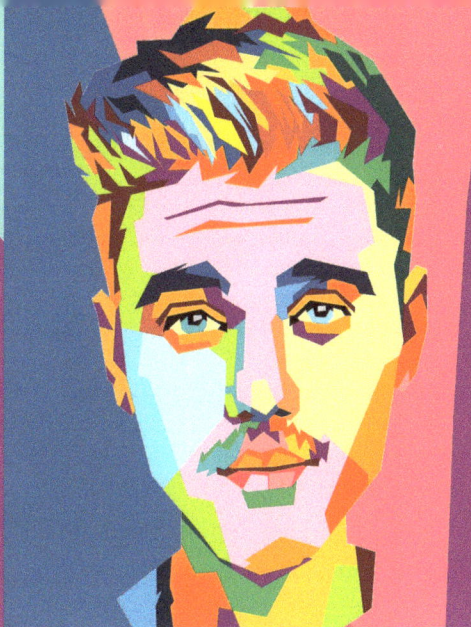

¡Muchos grandes de la música tienen TDAH!

Une los nombres con las fotografías correspondientes.

George Frideric Haendel
Stevie Wonder
Ludwig von Beethoven
Justin Bieber
John Lennon
Kurt Cobain
Wolfgang Amadeus Mozart
Elvis Presley

Busca tu guitarra, toca el piano o escribe una canción. ¡Canta fuerte!

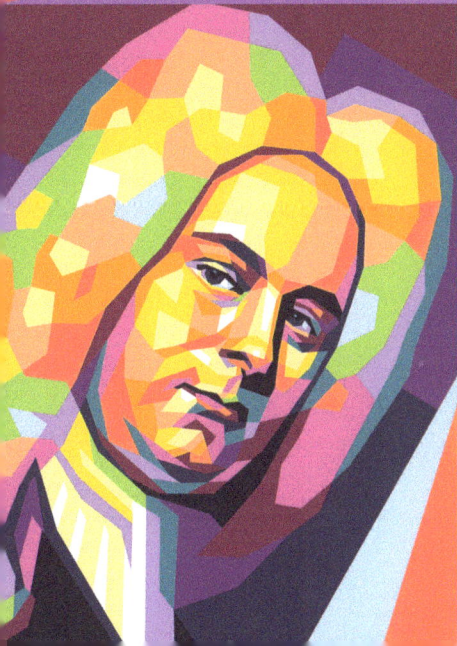

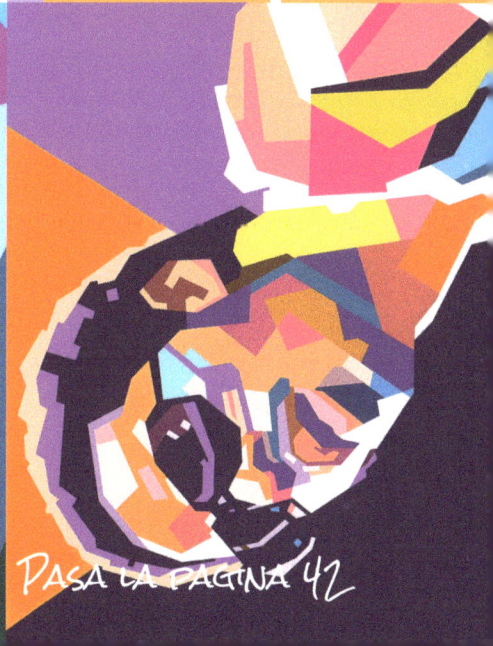

pasa la página 42

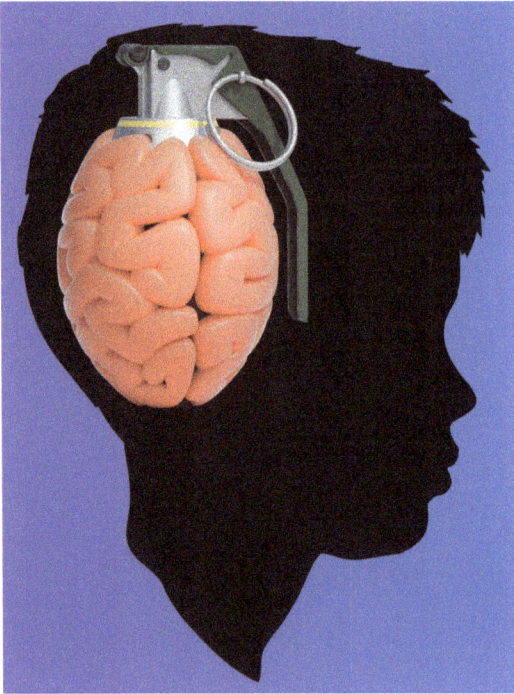

LA IMPULSIVIDAD PUEDE TRAER PROBLEMAS.

No pensar bien las cosas antes de actua puede crearte muchos problemas a ti y los demás, hasta provocar lesiones o alg peor.

Incluso una granada de mano tiene una mecha. La dinamita tiene una mecha, y por una buena razón.

Antes de hacer algo impulsivamente, intenta imaginar una mecha que te dé tiempo para pensar. Piensa en las consecuencias de cada acción. ¿Saldrás tú o alguien más herido? ¿O se sentirán avergonzados?

¿Ocurrirá algo desagradable?

Ve más despacio. Piénsalo bien.

1/2 taza de albahaca, tomillo, orégano o lo que sea.

17 aguacates

Pon el caldo en una olla grande. Sube el fuego al máximo.

Saltea el apio, la cebolla y las zanahorias picados en aceite de oliva.

O no te molestes. Échalos adentro.

Añade el ajo al sofrito. Demasiado tarde. Échalo también.

Desecha cualquier brócoli, coliflor o calabaza.

Añade todo lo demás. Tan rápido como puedas.

Remuévelo, a menos que estés ocupado con otra cosa.

Cuece a fuego lento durante 3 días.

¡O pide una pizza!

DESDE LA PÁGINA 13

El TDAH puede causar ansiedad social porque no eres como los demás niños. El TDAH puede causar problemas sociales y, al mismo tiempo, se ve afectado por los problemas sociales — porque tu impulsividad puede significar que no puedes moderar los comportamientos sociales.

Los niños con TDAH a menudo se lanzan a un nuevo proyecto o actividad a toda velocidad, y pueden hacer lo mismo con los nuevos amigos, apegándose excesivamente a gente nueva. ¿Siempre crees que has encontrado a tu nuevo mejor amigo? ¿Te apresuras a contar secretos o a compartir demasiadas información sobre tu vida? ¿Eres demasiado sensible a los desaires sociales percibidos?

A veces te mueves demasiado deprisa, incluso hablando demasiado deprisa, anticipando hacia dónde va la conversación cuando puede que no esté yendo hacia allí en absoluto. Tus pensamientos superrápidos pueden ir demasiado deprisa y tus declaraciones pueden parecer aleatorias e incluso chocantes a tus amigos, que no acaban de entender los saltos que provoca la velocidad de tu cerebro.

Receta de sopa de verduras hiperactiva

¡Piensa a lo grande! ¡Haz mucho y hazlo rápido!

33 cuartos de caldo de pollo o de verduras
31 zanahorias (picadas)
27 tazas de judías pintas
35 tazas de maíz (fresco, congelado o enlatado)
40 tomates grandes (picados)
27 tallos de apio (picados)
12 pimientos (picados)
26 patatas (cortadas en dados)
21 cebollas (cortadas en dados)
40 dientes de ajo (picados)
20 cucharadas de aceite de oliva
2 tazas de sal
1 taza de pimienta
1 taza de vinagre de sidra de manzana o jugo de limón

PASA A LA PÁGINA 56

DESDE LA PÁGINA 29

¿PROBLEMAS DE GESTIÓN DE TIEMPO Y DESORGANIZACIÓN?

Los niños con TDAH suelen tener problemas con la gestión del tiempo y la organización.

Filósofos, novelistas, astrónomos y físicos discuten sobre el tiempo de forma seria y caprichosa.

¿Ya has leído esa frase? ¿No?

Oh, aquí está...

Filósofos, novelistas, astrónomos y físicos discuten sobre el tiempo de forma seria y caprichosa.

¿Ves? Volvió a ocurrir. ¿Viaje en el tiempo? Algo así.

Si es suficientemente bueno para filósofos, astrónomos, novelistas y físicos jugar con el tiempo, también lo es para los niños con TDAH.

Soñar despierto no es del todo malo.

Albert Einstein era conocido por su escritorio extremadamente desordenado. ¿Debería haber dedicado su tiempo a limpiar? ¿Y Thomas Edison? Lo mismo. ¿O Steve Jobs? Igual.

Así que eres desorganizado y olvidadizo. ¿Y qué?

PASA A LA PÁGINA 12

Para los padres.

Hay que reconocer que no es fácil ser padre — sobre todo de un niño con TDAH.

¡Pero — no se trata de ti! Es un problema de tu hijo. Una forma de ayudarle es intentar imaginar cómo es desde su punto de vista.

Imagínate — los adultos de tu mundo siempre quieren que hagas cosas que tú no quieres hacer. Algunas son difíciles, otras desagradables y otras muy, muy aburridas. Al mismo tiempo, hay muchas otras cosas que pasan por tu mente.

Tu hijo necesita más estímulos que críticas. Recompensa inmediatamente las conductas positivas. Provee consecuencias cuando sea apropiado. Después, más estímulos.

Mantente en contacto con los profesores de tu hijo. Sugiéreles cosas que puedan ayudar, como desarrollar rutinas y horarios, dejar tiempo para el movimiento físico, ofrecer ánimos, ayudar con las habilidades organizativas y comprender los problemas de autoestima.

En realidad no hay medicamentos mágicos para los padres de niños con TDAH, pero existe la terapia. No lo descartes. La terapia familiar puede calmar a todo el mundo y proporcionar consejos y ejercicios para ayudaros a superarlo. Sin los padres, la terapia no funciona.

DESDE LA PÁGINA 17

EL MUNDO DE TU HIJO FUNCIONA A UNA VELOCIDAD EQUIVOCADA.

Puede ser así de sencillo. Si el mundo va más rápido de lo que tu hijo piensa, su atención se quedará trás. Probablemente le parecerá que su joven mente está constantemente divagando. Las cosas no se hacen a tiempo o ni siquiera se hacen. ¿Está realmente atrasado? Tal vez tu hijo esté siguiendo otro camino u otro horario.

O puede que su hijo corra más rápido que el mundo (¡eso ocurre!). Puede que su joven mente se precipite a través de los pensamientos a un ritmo milagroso. Puede que no todos sean grandes pensamientos, pero van tan rápido que dejarán espacio para que lleguen los grandes pensamientos. Puede que esa maravillosa mente joven esté tan aburrida de una clase tediosa o de la monótona vista desde un coche en marcha que se desplace a zonas más interesantes, explorando pensamientos, lugares, visiones. Lo que sea.

Claro que es importante estar en contacto con el mundo que te rodea, pero hay muchas historias de personas que parecían estar desconectadas, y, sin embargo, lograron grandes cosas.

Deja ir algunas cosas.

PASA A LA PÁGINA 2

PUEDES APROVECHAR TODA ESA ENERGÍA DEL TDAH HACIENDO DEPORTE.

Todas estas grandes figuras del deporte tenían TDAH.
Dibuja una línea desde estos atletas hasta su deporte. (Algunos deportes se repiten).

Simone Biles
Pete Rose
Greg Louganis
Carl Lewis
Magic Johnson
Michael Jordania
Nolan Ryan
Muhammad Ali
Michael Phelps
Terry Bradshaw
Babe Ruth
Greg LeMond
Bruce Jenner
Tony Hawk

Monopatín
Natación
Gimnasia
Boxeo
Béisbol
Fútbol
Ciclismo
Buceo
Atletismo de pista y campo
Baloncesto

¡Sal a jugar! No hace falta que te conviertas en campeón del mundo para divertirte (aunque puede que lo logres).

DESDE LA PÁGINA 35

Inventores con TDAH

Se cree que Wilbur Wright y su hermano Orville sufrían de TDAH, pero eso no impidió que estos dos improbables mecánicos de bicicletas inventaran el primer avión.

No es raro que los inventores padezcan TDAH. Los inventores son, en primer lugar, pensadores. Suelen tener una amplia gama de intereses y, a menudo, estas ideas confluyen de forma inusual y dan lugar a la creación de cosas nuevas.

He aquí algunos ejemplos.

Alexander Graham Bell inventó el teléfono y otras muchas cosas.

Thomas Edison creó la bombilla eléctrica, el fonógrafo y muchas otras cosas.

Benjamin Franklin inventó los bifocales, el pararrayos y la estufa Franklin, además de otros muchos logros.

Louis Pasteur participó en la creación de varias vacunas importantes.

Entre los inventores modernos destacan Woody Norris, Steve Jobs y Decano Kamen.

PASA A LA PÁGINA 18

¿POR QUÉ MIS PADRES NO LO ENTIENDEN?

Aunque no lo parezca, se esfuerzan mucho.

Todos tenemos dificultades para lidiar con los problemas de los demás. Los padres no son diferentes en ese sentido. A veces hay que tener paciencia con ellos.

Habla con tus padres. Cuéntales por lo que estás pasando. Luego escucha lo que les preocupa.

Cuando tus conductas les vuelvan locos, aprende lo que has hecho e intenta cambiar ese comportamiento.

DESDE LA PÁGINA 51

¿CÓMO PUEDO EXPLICARLE TODO ESTO A MI PROFESOR?

Tu profesor ya sabe lo que es el TDAH y puede que ya sospeche que tienes rasgos de TDAH.

Pide a tus padres que hablen con tu profesor. (Puede que ya lo hayan hecho.)

Quizá necesites más tiempo para proyectos o exámenes. Quizá necesites pasear. Quizá te ayude un asiento diferente. O una disminución en las tareas. ¿Te parece bien?

Averigua si tu escuela ofrece ayuda o recursos para niños con TDAH, como un Plan Educativo Individualizado (PEI) o un Plan 504. Aprovéchalos.

Los profesores, por supuesto, también tienen que atender a otros muchos estudiantes, así que puede que estén más ocupados de lo que crees, pero sigue hablando.

Recuerda que no buscas una excusa. Estás buscando una asociación.

PASA A LA PÁGINA 46

45

PARA LEER ESTA PÁGINA, ¡SUJÉTALA FRENTE A UN ESPEJO!

¿Quizá tus padres tengan razón.

Si hay veces en las que eres revoltoso o hiperactivo, eso puede poner a tu madre y a tu padre un poco gruñones. Quizá lo hayas notado.

Que tus padres te entiendan es igual de importante como que tú los entiendas a ellos.

La gran diferencia es que los padres manejan el mundo (por ahora). Tienes que mantener la paz con ellos.

SIEMPRE intentan comprenderte a ti y a tus problemas. Tú también deberías intentar comprenderlos.

A veces necesitan un descanso, igual que tú. Intenta aprender a darles un poco de tranquilidad. Te lo agradecerán.

DESDE LA PÁGINA 45

¿Qué pasará conmigo?

Vas a crecer. A medida que crezcas, tu TDAH era menos molesto por dos razones.

Uno, tu cerebro se desarrollará y reducirá los problemas de TDAH.

En segundo lugar, aprenderás cómo afrontar el TDAH y a superarlo.

Y, encontrarás algunas cosas que mejores gracias a tu TDAH.

Cuando te interesa algo, puedes enfocarte REALMENTE y aprender sobre ello y hacer cosas en ese mundo. Así que, en algún momento, el viaje consiste en encontrar algo que realmente te interese.

Quizá empiece como un pasatiempos, o un juego, o incluso algo que hayas tenido que estudiar en la escuela. Aprenderás sobre ello y trabajarás muy duro en ello y llegarás a ser realmente bueno en ello. Mejor que la mayoría de la gente.

¡Puedes convertirte en un experto!

Pasa a la página 60

COCINAR ES FÁCIL. EL TDAH ES DIFÍCIL.

Si el TDAH fuera fácil, no estarías leyendo este libro. Ya tendrías todas las respuestas.

Pero no es así. Es difícil encontrar respuestas cuando hay tantas distracciones.

Nadie te entiende y estás harto de que te critiquen. Tus padres y profesores te acusan de no escuchar ni prestar atención. Dicen que cometes errores por descuido. Eres desorganizado y siempre pierdes cosas. Eres olvidadizo, incluso con las cosas más cotidianas de tu vida. No terminas las cosas. Has oído todo esto y más, una y otra vez.

¿Estás inquieto y te agitas? ¿Te cuesta permanecer sentado y corres de un lado a otro cuando no debes? ¿Hablas constantemente cuando deberías estar callado? ¿Le cuesta esperar su turno y suelta todo lo que tiene que decir? ¿Interrumpe a la gente? Esa es la parte hiperactiva.

Puedes superarlo. Puedes demostrárselo a todos. Vas a triunfar.

¡SIGUE LOS ESPAGUETIS!

El TDAH puede hacerte sentir como si tu cerebro no fuera más que un palpitante montón de espaguetis, con un revoltijo constante de pensamientos que giran y giran en un laberinto de confusión.

Lo de la impulsividad es difícil. A veces sabes lo que deberías hacer y no lo haces, ni siquiera sabes por qué. Y a veces sabes que NO debes hacer algo y lo haces de todos modos.

Pero puedes enseñarte a ti mismo a calmarte y a tomar mejores decisiones. Entrénate para hacer una pausa antes de actuar. Empieza a reconocer cómo «se siente» tu impulsividad, basándote en tu experiencia pasada. Una vez que hayas aprendido a reconocer la sensación, puedes trabajar para cambiar tus acciones.

Cuando lo hagas, tu vida mejorará. No te rindas. Sigue intentándolo.

A ver si encuentras el camino a través del laberinto.

Pasa la página 58

MUCHOS ACTORES Y ARTISTAS HAN SUPERADO EL TDAH.

Famosas estrellas de cine, cómicos y magos aprovecharon su TDAH y encontraron el éxito. Se aprendieron sus frases y aprendieron disciplina. Steve McQueen, George C. Scott, Robin Voluntadiams, Dustin Hoffman, Harry Anderson, Henry Winkler, Danny Glover, Jim Carrey, Voluntad Smith, Johnny Depp, Suzanne Somers, Lindsay Wagner, Silvester Stallone, Cher, Whoopi Goldberg, Tom Cruise, Mariel Hemingway, Joan Rivers, Howie Mandel, David Blaine, Tommy Smothers, Harry Belafonte, y muchos más.

Tú podrías ser el siguiente.

DESDE LA PÁGINA 19

HAY HÉROES MILITARES A LOS QUE EL TDAH NO LES FRENÓ.

General George Patton, General Dwight D. Eisenhower, General William Westmoreland y General Norman Schwarzkopf, además de héroes pilotos de combate como Eddie Rickenbacher y Greg Boyington.

PASA A LA PÁGINA 44

¿CÓMO LLEGASTE HASTA ESTA PÁGINA?

No hay una sola página en este libro que te envíe aquí.

Has estado pensando con originalidad. Me alegro por ti.

Es bueno seguir las instrucciones. También es bueno pensar por uno mismo.

Receta de ensalada de mantequilla de maní y mermelada

1/2 cabeza de lechuga	Desmenuce la lechuga en un bol.
4 tomates cherry	Añade todos los estúpidos vegetales.
2 cebolletas (picadas)	Mézclalo todo. Tíralo.
3 champiñones (laminados)	No hagas los crutones.
1 zanahoria (en rodajas)	Unta la mantequilla de maní sobre una
2 rábanos (en rodajas)	rebanada de pan.
2 rebanadas de pan para los crutones	Unta la mermelada en la otra rebanada
2 cucharadas de mermelada de uva	de pan.
3 cucharadas de mantequilla de maní	Combine el pan en el sándwich.
	Cómete el sándwich.

Ingredientes secretos

Si quieres leer esta página especial extra, envía un correo electrónico a **SECRETPAGE@COSWORTHPUBLISHING.COM.**

A cambio, recibirás un correo electrónico que contiene esta página especial y también un enlace a un audiolibro gratuito.

Receta para el TDAH

1 niño maravilloso y adorable
1 taza de dificultad de atención
2 cucharadas de hiperactividad
1 pizca de impulsividad

Combina los ingredientes.
Remueve frenéticamente hasta que te canses.
Sal al gusto.
Cuece a fuego lento hasta que crezca.

¿DIFICULTAD DE ATENCIÓN? ¿HIPERACTIVIDAD? ¿IMPULSIVIDAD?

Todo suena como un problema — y lo es, para tus padres, tus profesores, tus entrenadores, tus médicos y todas las figuras de autoridad que quieren controlar tu vida.

No te preocupes. Todos ellos van a perder contra las mismas características que te convierten en alguien con TDAH.

Dirán que tienes dificultades de atención. No es así. Simplemente no prestas atención a lo que ellos quieren que prestes atención. En lugar de eso, diriges tu atención a algo que te interesa — aunque sólo sea por un rato. Luego vuelves a prestar atención a otra cosa que te interesa.

A los mismos adultos que dicen que eres hiperactivo a veces se les oye decir: "Ojalá yo tuviera toda esa energía". Ser hiperactivo significa que puedes hacer cosas — si eres capaz de concentrarte.

Impulsividad. Bien, eso puede ser un problema. Tendrás que trabajar en eso.

DESDE LA PÁGINA 23

Hay tres tipos de personas con TDAH.

1. Personas predominantemente distraídas

Es entonces cuando tu mente divaga. Te cuesta organizar las cosas o terminarlas. Olvidas cosas a las que deberías prestar atención. Tienes problemas para escuchar a los demás.

2. Personas predominantemente hiperactivas

Te mueves, te mueves, te mueves. Y hablas bastante, incluso cuando no deberías. Te mueves cuando deberías estar sentado. Y eres impulsivo, interrumpiendo y hablando cuando deberías esperar tu turno. Eres tan impulsivo que tienes demasiados accidentes.

3. Personas que son ambas

Qué suerte tienes. Tienes una combinación de ambos tipos de síntomas de TDAH.

Así que elige. ¿Cuál eres tú?

Galletas especiales estilo TDAH

180 libras de harina (o 600 tazas)
1 cuarto de galón de bicarbonato de sodio
2 cucharaditas de levadura en polvo
12 galones de mantequilla blanda
75 libras de azúcar blanco
17 docenas de huevos
4 tazas de extracto de vainilla

Precalienta el horno a un millón de grados (C o F).
Remueve todo rápidamente durante 12 horas.
Colócalas en una bandeja para hornear.
Hornea durante 10 segundos o detente antes de que se quema.
Rinde por 10,000 galletas normales o 1 grande.
¡Atención! La(s) galleta(s) estará(n) caliente(s).

Pasa a la página 1

¿ESTÁS ENOJADO? ¿FRUSTRADO?

¿A veces te pasa por la cabeza un torrente impetuoso de pensamientos?

No es de extrañar. Con el TDAH, las frustraciones normales que forman parte del crecimiento pueden exagerarse.

Incluso las cosas sencillas pueden parecer peores para cualquier niño con TDAH.

Es fácil imaginar que un joven pianista pueda encontrar fácilmente que su habilidad para tocar una pieza está fuera del alcance de sus pequeños dedos.

Es fácil imaginar que un joven artista pueda tener un sentido visual que supere con creces su capacidad para plasmar una imagen perfecta sobre el papel o el lienzo.

Un joven carpintero podría descubrir que un martillo golpea más fácilmente un dedo que un clavo.

La frustración puede llevar a una mala conducta, y eso supone un reto para todos, no sólo para padres y profesores — sino también para los amigos.

Por lo tanto, es comprensible que un estudiante joven con TDAH pueda quedarse atrás con facilidad y sentir que todo se ha acabado — que no hay forma de ponerse al corriente.

Receta superrápida de faisán en cristal (Fasison Sous Cloche)

1 faisán desplumado y deshuesado (o sustituye por 4 hamburguesas congeladas)	Aplasta el faisán con un mazo. Es suficiente. ¡Detente con el mazo! (Puedes destrozar otra cosa más tarde).
8 escalonias (frescas o en conserva)	También podrías aplastar los champiñones y las trufas.
1/2 taza de jugo de limón fresco	
1 lata de champiñones (abiertos)	Unta las pechugas con todo lo demás.
2 trufas (no de chocolate)	Exceptuando tal vez la mantequilla. Derrítela.
3 cucharadas de mantequilla *sin sal*	Probablemente en una sartén.
1 pizca de sal (para la mantequilla)	Cuece el faisán (o las hamburguesas) en la mantequilla y la nata.
1/4 pizca de pimienta de cayena	
1/2 taza de caldo de pollo (o sustitúyalo por caldo de faisán)	Saltea las escalonias y los champiñones. Añádelos también.
1/2 taza de nata (no helado)	Cubre todo con una tapa de cristal. O cómete las hamburguesas.

DESDE LA PÁGINA 37

¿Tienes dudas?

Escuchar que las cosas mejorarán cuando seas adulto no es de gran ayuda. Quieres que las cosas mejoren ahora. Eso es perfectamente razonable.

Va a ser difícil.

Pero tú puedes lograrlo. Empieza por salir adelante hoy mismo.

Las luchas contra el TDAH pueden dar lugar a problemas de autoestima que sólo tú puedes solucionar.

Te ayudará mantenerte positivo. Piensa en algún profesor o amigo que te haya ayudado y sonríe. ¿Hay alguien que te anime más que los demás? Escúchalo. ¿Hay alguna materia que te guste? Concéntrate en disfrutarla. ¿Hay alguien que intenta ayudarte o entender tus problemas? Dale las gracias. Ya te haces una idea. Inténtalo.

Pasa a la página 8

57

Herramientas para el TDAH.

Las personas con TDAH consiguen hacer cosas — una vez que han aprendido a concentrarse. Puede que a tus padres no les gusten estas ideas al principio. Pídeles que te dejen probarlas para ver si te ayudan.

Es posible que, en general, tu nivel de estimulación deba ser alto para que puedas concentrarte. Suena raro, pero dado que los niños con TDAH suelen tener niveles bajos de dopamina, un poco de cafeína puede ayudar a la concentración del niño al levantar el nivel de dopamina. Demasiada, obviamente, puede causar problemas. Ten cuidado y sé prudente.

Garabatear o dibujar en el salón de clases puede ser útil para que escuches, aprendas y pienses. Y son inofensivos. Doblar o rasgar papel puede ayudarte a retener información. A tu profesor no le gustará, pero cuando estés en casa puedes probar a mover las piernas o golpear el pupitre. Hay aplicaciones móviles que te leerán el texto de un libro en voz alta. O puedes buscar videos de "Estudia conmigo" en YouTube.

Si pierdes muchas cosas, aprende a usar siempre una bolsa de libros, o una mochila, o cualquier cosa que te dé espacio para guardar allí todo lo que necesites. Lápices, papel, llaves, pañuelos, teléfono móvil, medicinas, bocadillos, lo que sea. Acostúmbrate a guardar SIEMPRE las cosas allí. Luego acuérdate de llevarlo contigo para tener todo lo que necesites.

¿Sientes que su mente se descontrola con niveles bajos de sonido ambiental? El silencio puede ser incluso peor. Así que puede que necesites que el nivel de sonido sea alto para estudiar o aprender. Eso puede significar que la MÚSICA te ayudará. Quizá música a TODO VOLUMEN. (Con auriculares...)

Sal a correr antes de ir a la escuela. Haz muchos descansos. Bebe agua. Encuentra herramientas que te funcionen.

Desde la página 49

PRUEBA EL MÉTODO POMODORO.

Es sencillo, pero tienes que seguirlo a pie de letra.

Organiza tu trabajo en bloques pequeños y realizables llamados tomates. Sí. Tomates.

Pon un temporizador. (No es necesario que sea un temporizador en forma de tomate).

Estudia durante 25 minutos sin interrupciones para hablar, enviar mensajes de texto, redes sociales, YouTube, etc.

Tómate un descanso de 5 Minutos.

Estudia durante 25 minutos sin interrupciones para hablar, enviar mensajes de texto, redes sociales, YouTube, etc.

Tómate un descanso de 5 Minutos.

Estudia durante 25 minutos sin interrupciones para hablar, enviar mensajes de texto, redes sociales, YouTube, etc.

Tómate un descanso de 10 o 15 Minutos. Repítelo según sea necesario.

Si tu trabajo te toma más tiempo, divídelo en bloques más pequeños.

Si no tienes tanto trabajo a la vez, combínalo con otros pequeños ejercicios en un gran y bonito tomate.

PASA A LA PÁGINA 24

ADMINISTRAR EL DINERO

Gastar dinero es divertido. ¿Cierto?

Esto hace que sea especialmente difícil para cualquier persona con TDAH y problemas de control de los impulsos ser sensato (es decir, aburrido) con el dinero.

Los niños no suelen tener mucho dinero, y cuando lo tienen es difícil conservarlo, así que es el momento de aprender buenas prácticas de gestión del dinero y ponerlas en práctica.

Eso significa que tendrás que pensar en el dinero — antes de gastarlo.

Organízate. Empieza a crear buenos hábitos monetarios con planificación, concentración y seguimiento.

Un poco de planificación te ayudará. Controla el dinero que tienes y a dónde va.

Presta atención (es más fácil decirlo que hacerlo) porque si tienes problemas para controlar tus impulsos, sin duda tendrás problemas para gestionar tu dinero.

No te emociones con tus compras y olvides prestar atención al destino de tu dinero.

DESDE LA PÁGINA 47

Lamentablemente, la administración del dinero sólo resulta fácil cuando te quedas completamente sin dinero, pero seguro que no quieres que eso ocurra.

Te resultará más fácil llevar el control de tu dinero si abres una cuenta corriente, sobre todo si incluye una tarjeta de débito para tus compras.

Y una cuenta de ahorro te ayudará a ahorrar para compras más grandes, o simplemente a ahorrar algo de dinero para el futuro.

Tratar con dinero es muy parecido a tratar con números en general, pero cuando el dinero es igual a cero, desaparece para siempre.

Sé prudente. Sé prudente. Sé aburrido.

PASA A LA PÁGINA 62

¡Postre!

Ningún libro de cocina está completo sin un postre para cerrar con broche de oro.

Aquí está el final feliz. Vas a mejorar.

A medida que crezcas, tus tendencias al TDAH se reducirán. Puede que no desaparezcan del todo, pero aprenderás a reconocerlas y a controlarlas.

Las cosas se ralentizarán lo suficiente como para que puedas pensar en ellas y tomar buenas decisiones. Aprenderás a enfocar tu atención lo suficiente para hacer las cosas, pero no tanto como para desatender otras cuestiones.

Puede que no ocurra tan rápido como tú (y tus padres) desearían, pero, afortunadamente, lo hará. Al igual que todas las historias de éxito del TDAH a lo largo de la historia, aprenderás a convertir tus limitaciones en capacidades. Utilizarás tus cualidades especiales para ayudar en tu vida.

Disfruta.

DESDE LA PÁGINA 61

HAS VISTO MUCHAS LISTAS DE PERSONAS CON TDAH QUE HAN TENIDO ÉXITO.

¿En cuál de esas listas te gustaría estar?

No tienes que ser un escritor o actor famoso, un artista o músico consumado, un físico o científico brillante, un atleta campeón del mundo o incluso un gran chef.

Hay otras listas que no han entrado en este libro: madres y padres geniales, grandes profesores, entrenadores, médicos y muchos otros.

El TDAH es un problema, pero tiene solución — ¡TÚ!

Puedes resolverlo con determinación y esfuerzo.

Busca ayuda donde puedas, comparte tu historia y persevera.

Algún día estarás en la lista que elijas.

Enhorabuena.

EL FIN

¡SAL A JUGAR!

SOBRE EL AUTOR

Su plan era escribir un libro normal sobre el TDAH, pero entonces le entró hambre.

Así que se convirtió en un libro de cocina, pero para entonces ya había comido.

Antes de que pudiera terminar, la impresora dejó de funcionar. Probablemente se había quedado sin papel o sin tinta.

Empezó a arreglarla, pero estaban viendo "Bob Esponja" en la tele, así que se demoró un rato.

Luego el perro necesitó ayuda para retozar en el patio.

Naturalmente, también hubo que ir al baño. Fue bastante rápido.

Tuvo que traer el correo del día y revisarlo todo. Sobre todo sus facturas.

Eso le recordó que debía revisar su correo electrónico. Sólo basura, como de costumbre. Y tampoco nuevas reseñas de libros.

Fue entonces cuando sonó el teléfono, que era una llamada de spam, pero tardó demasiado y él se enfadó mucho y pensó que tal vez debería escribirles una carta, pero eso era demasiado trabajo y para entonces ya tenía hambre otra vez, así que la idea del libro de cocina resurgió y aquí está (si es que realmente está terminado).

¿Más adelante?

Otros libros de Jimmy Huston

www.cosworthpublishing.com

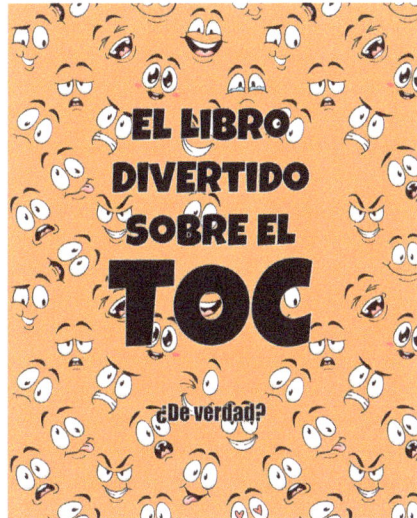

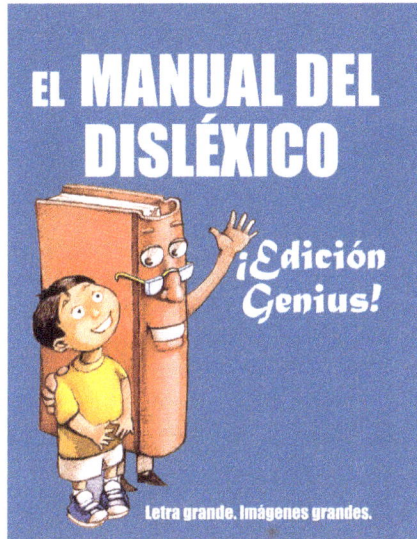

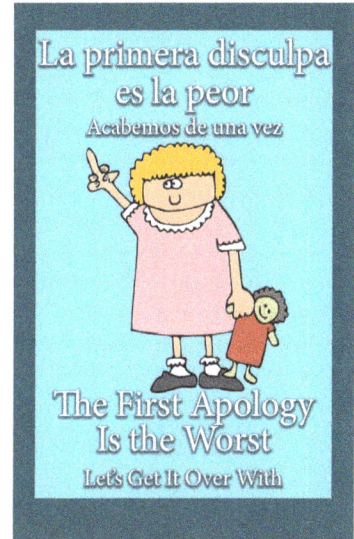

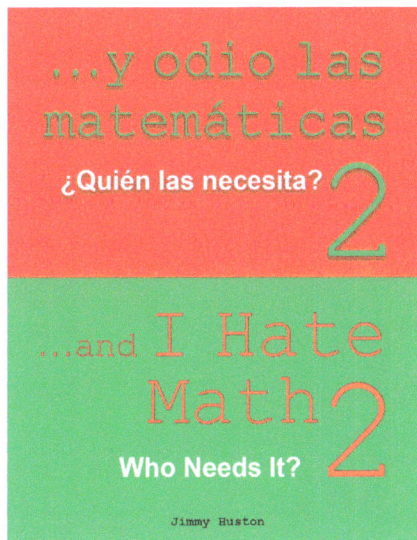

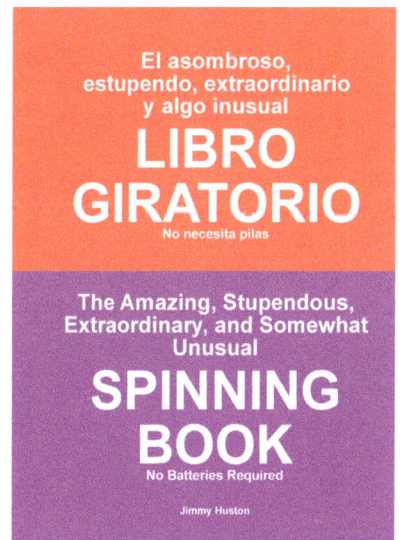

Autismo para principiantes
Surfeando el espectro

EL LIBRO DIVERTIDO SOBRE EL TOC
¿De verdad?

El Libro de Cocina sobre el Trastorno de Déficit de Atención e Hiperactividad
EDICIÓN ROMPECABEZAS

¡GROSERÍAS para NIÑOS!
Etiqueta para los Profanos
CUSSING for KIDS!
Etiquette for the Profane

EL MANUAL DEL DISLÉXICO
¡Edición Genius!
Letra grande. Imágenes grandes.

La primera disculpa es la peor
Acabemos de una vez
The First Apology Is the Worst
Let's Get It Over With

El libro detesto leer
The I Hate to Read Book
Jimmy Huston

...y odio las matemáticas
¿Quién las necesita? 2
...and I Hate Math 2
Who Needs It?
Jimmy Huston

El asombroso, estupendo, extraordinario y algo inusual
LIBRO GIRATORIO
No necesita pilas
The Amazing, Stupendous, Extraordinary, and Somewhat Unusual
SPINNING BOOK
No Batteries Required
Jimmy Huston

ENCUÉNTRALO ALLÁ DONDE ODIEN LOS LIBROS

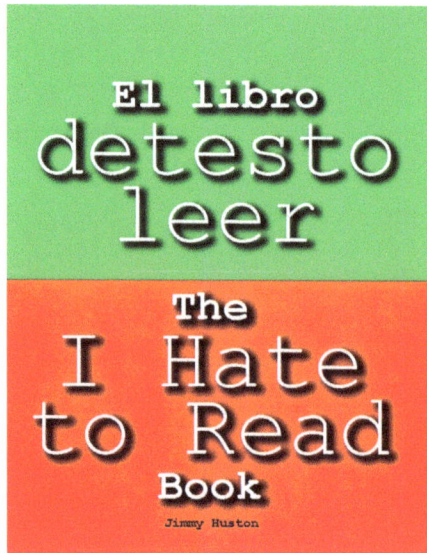

El libro detesto leer

The I Hate to Read Book

Jimmy Huston

En español y inglés.

Si estás leyendo esto, este libro no te va a gustar.

No es para ti.

Este libro es para las personas que no lo están leyendo.

A ellos tampoco les gustará, pero es corto.

Eso les gustará.

"En realidad no leí este libro. Si lo hubiera leído me habría encantado — pero nunca lo haré."   *Billy*

"La palabra odio no alcanza. Detesto leer. Ni siquiera me gusta mirar los dibujos - que además no tiene."   *Wally*

"Esto no es lo que escribí sobre este estúpido libro."   *Zane*

"Este es un gran libro para la mesita, si tu mesita odia leer."   *Solomon*

"Este libro hizo llorar a mi profe."   *David*

"Mi hijo amó este libro. Dijo que estaba delicioso."   *Sr. Jones*

"ESTE LIBRO ES TAN ESTÚPIDO QUE HASTA YO PODRÍA HABERLO ESCRITO."   *Jimmy "*

www.i-hate-to-read.com

Otros libros de Cosworth Publishing

www.cosworthpublishing.com

Mariposita Summer

Mariposita verano

In English and Spanish.
En español y ingles.

¿Por qué mi mamá no puede pasar más tiempo conmigo?

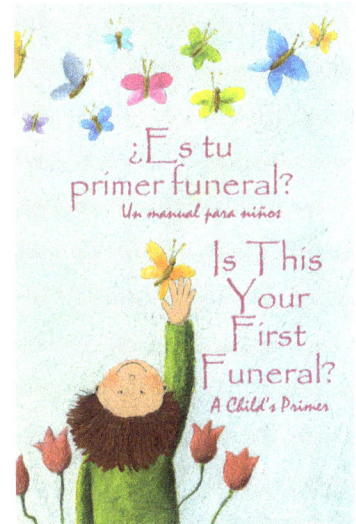

¿Es tu primer funeral?
Un manual para niños

Is This Your First Funeral?
A Child's Primer

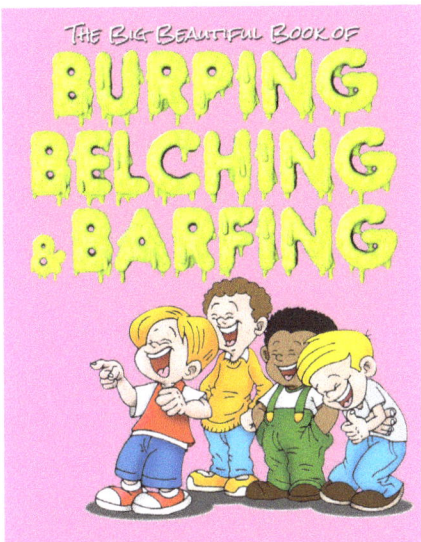

THE BIG BEAUTIFUL BOOK OF
BURPING BELCHING & BARFING

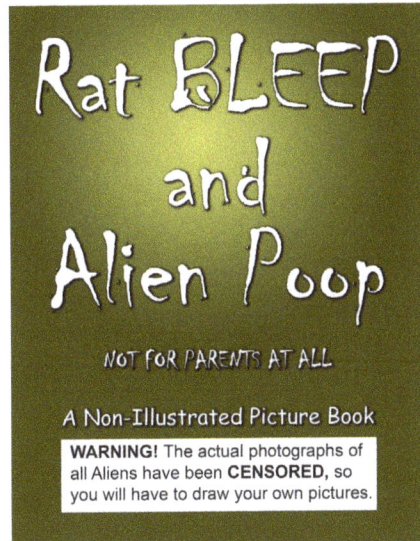

Rat BLEEP and Alien Poop

NOT FOR PARENTS AT ALL

A Non-Illustrated Picture Book

WARNING! The actual photographs of all Aliens have been CENSORED, so you will have to draw your own pictures.

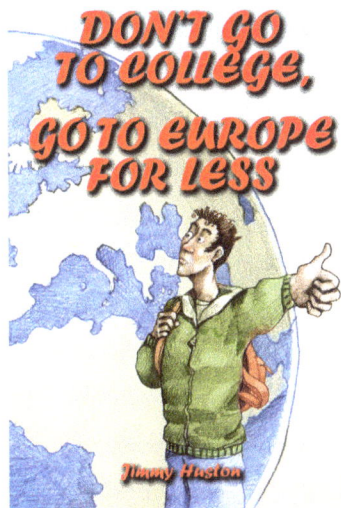

DON'T GO TO COLLEGE, GO TO EUROPE FOR LESS

Jimmy Huston

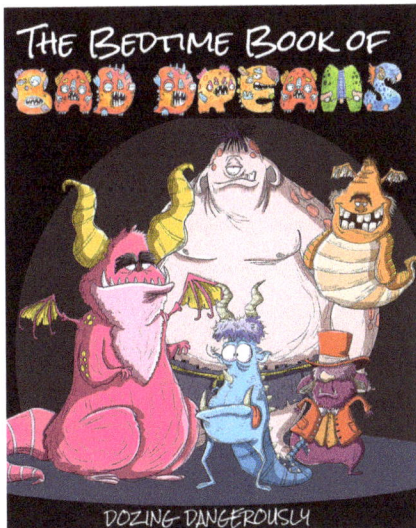

THE BEDTIME BOOK OF BAD DREAMS

DOZING DANGEROUSLY

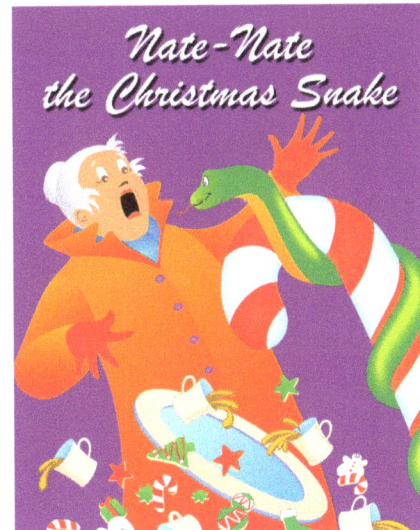

Nate-Nate the Christmas Snake

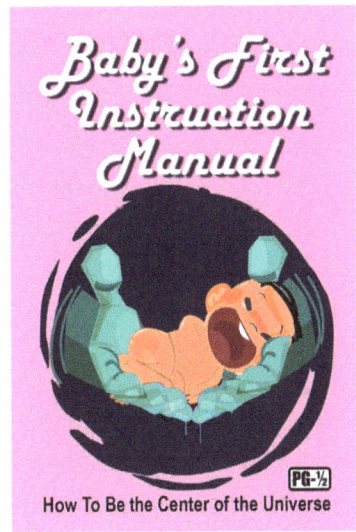

Baby's First Instruction Manual

PG-½

How To Be the Center of the Universe